ITINÉRAIRE DE CLÉMENT V

PENDANT L'ANNÉE QUI PRÉCÉDA SON AVÈNEMENT AU SAINT-SIÉGE,

Extrait des manuscrits des Archives de la Gironde, et publié par

M. RABANIS,

PRÉSIDENT DE LA COMMISSION DES MONUMENTS HISTORIQUES DE LA GIRONDE.

BORDEAUX,

IMPRIMERIE DE P. COUDERT, RUE PORTE-DIJEAUX, 43.

—

1850.

DEPUIS que j'ai publié un fragment de l'Itinéraire, jusqu'ici inconnu, de Bertrand du Goth, pendant l'année qui précéda son avènement au Saint-Siége (1), un grand nombre de personnes ont témoigné le désir de connaître en entier un document qui rectifie un fait important de l'histoire du moyen-âge, celui de la prétendue entrevue de Bertrand du Goth et de Philippe-le-Bel. Quelques autres ont recherché l'origine de cette pièce avec l'intention de la publier, sans doute pour en épargner la peine à celui qui l'avait découverte. C'est pour répondre à la curiosité des uns et au zèle des autres que je me décide à la publier aujourd'hui, dans toute son étendue.

Je crois devoir rappeler que cet Itinéraire était comme égaré dans un cahier déposé aux archives de la Gironde, qui porte pour titre, en écriture du 17e siècle : DEUX

(1) Voir le Rapport de la Commission des Monumens historiques de la Gironde pour l'année 1847.

INVENTAIRES DES CARTES DE LARCHEUECHÉ, *c'est a dire des actes qui en constatent les honneurs et revenus ; lesquels sont en forme de Lieve.* — LIEVE *des honneurs hommages et reconnaissances de l'archeuecché.* — HOMMAGES — *Aux memoires utiles en général.* — Ce cahier se compose de quarante-quatre feuillets dont les quinze derniers sont restés en blanc. L'Itinéraire commence au troisième, sans avertissement ni titre d'aucune espèce. Les deux premiers feuillets contiennent l'analyse de treize *cartes* relatives à des droits seigneuriaux ; avec le troisième, commence l'Itinéraire, dont le premier article forme la *quatorzième carte* des titres inventoriés. Les numéros qui précèdent immédiatement sont relatifs à *l'hommage de Puygayon* (n.° 11) ; au *serment d'obédience de l'abbé de saint Romain de Blaye* (n.° 12) ; et au serment d'obédience de *l'abbé de Bonlieu* (n.° 13).

L'écriture de toutes ces transcriptions et analyses de *cartes* n'est que du 16ᵉ siècle, mais j'ai démontré dans la publication du premier fragment que cette circonstance ne pouvait jeter aucun doute sur l'authenticité de l'Itinéraire. En effet, le texte que nous avons aujourd'hui sous les yeux est la traduction abrégée des actes dressés en latin, dans chacune des résidences où s'arrêtait le prélat, pendant sa visite pastorale. Il est aisé de voir que les clercs ou les feudistes qui les traduisaient sur les originaux (1), au 16ᵉ siècle, ne connaissaient pas même la plupart des localités dont ils transcrivaient les noms latins tant bien que

(1) La transcription offre deux écritures ou deux orthographes très-distinctes.

mal, au risque de les rendre méconnaissables (1). Cette transcription se rattachait d'ailleurs, comme on le voit par la composition du cahier, à un projet de revue générale des chartes de l'Archevêché, renfermées alors dans plusieurs registres en fort mauvais état, qui sont analysés, dans le cahier, au nombre de quarante-quatre. Ce sont là des circonstances qui excluent toute idée de supposition, et c'est ainsi qu'une série d'actes destinés simplement à établir *les droits de gîte* des archevêques de Bordeaux dans l'étendue de leur province, en nous permettant de suivre jour par jour les pas de Clément V, depuis le dimanche 17 mai 1304, jusqu'au samedi 26 juin 1305, vient démentir, après plus de cinq siècles, un fait regardé comme authentique par tous les historiens.

Bertrand du Goth (2) a bien assez de torts aux yeux de l'histoire, sans qu'on lui reproche gratuitement, comme l'a fait Villani, l'abominable simonie qui l'aurait élevé au souverain pontificat. Villani, en effet, a mis le premier dans le monde cette tradition si accréditée. Mais le Florentin, quelque bien informé qu'il fût d'ailleurs, s'est totalement mépris dans cette occasion, et il a couvert de son nom des rumeurs qui n'avaient aucun fondement légitime.

(2) Tous les noms dont la forme latine a été conservée sont imprimés en caractères italiques.

(1) C'est là le vrai nom de la famille de Clément V. Le tènement, mouvant de la maison de Grailly, qu'elle possédait dans le Bazadois, se nommait *Sent-Martin del Got, c'est-à-dire Saint-Martin du Goth.*

D'après le célèbre chroniqueur, le marché conclu, *dans les environs de Saintes*, entre Philippe-le-Bel et Bertrand du Goth, aurait été amené par la lutte des deux factions qui divisaient le conclave, la faction italienne et la faction française, après la mort de Benoît XI. Pendant neuf mois le Saint-Siége resta vacant, à cause de la rivalité des deux partis qui ne pouvaient s'accorder sur le choix d'un candidat. De guerre lasse, on convint que l'une des deux factions présenterait à l'autre trois candidats entre lesquels celle-ci choisirait le pape futur, et ce fut à la faction italienne que la présentation des candidats se trouva dévolue. Le choix du parti français devait être fait dans le terme de quarante jours, à compter de celui de la présentation. Les candidats désignés, le chef de la faction française, le cardinal de Prato, trompant la vigilance de la faction opposée, se hâta d'envoyer leurs noms à Philippe, afin qu'il fît d'avance ses conditions avec celui d'entre eux qu'il préférait, et particulièrement avec Bertrand du Goth. Celui-ci, par la raison qu'il se trouvait le premier sur la liste, paraissait en effet avoir le plus de chances favorables. Le courrier du cardinal de Prato étant arrivé à Paris *en onze jours*, le roi donna rendez-vous à l'archevêque de Bordeaux dans l'abbaye de Saint-Jean-d'Angély, où ils se rencontrèrent six jours après. Là, le roi et le futur pontife, suivis seulement de quelques serviteurs dévoués, après s'être juré une amitié inviolable, arrêtèrent les concessions que le dernier devait faire à l'autre, une fois qu'il serait parvenu au Saint-Siége : la réconciliation du roi avec l'église, parce qu'il était excommunié ; l'absolution de Guillaume de Nogaret, qui avait arrêté Boniface à Anagni ; l'abandon des décimes levés sur le clergé de France pour la croisade ; la condamnation solennelle des actes de la vie tout entière de Boniface ; le rétablissement dans le sacré-collége des deux cardinaux de la maison Colonna, dégradés sous le dernier pontificat. Il y avait encore, ajoute-t-on, une sixième faveur que le roi se réserva de spécifier plus tard, et que Bertrand jura d'accorder comme les autres, sans savoir ce qu'il promettait. Les uns veulent que ce soit la destruction des Templiers ; les autres l'obligation de résider en France, et de renoncer au séjour de Rome. L'archevêque accepta tout, promit tout. Le courrier repartit avec les lettres du roi, et telle fut la diligence, de part et d'autre, que *le trente-cinquième jour,* le parti français avait fait connaître son choix en faveur de Bertrand du Goth. Il avait cinq jours de reste sur les quarante.

Cela est tellement net, tellement précis, que nous pouvons, à un jour près, déterminer la date de la rencontre, si elle est véritable. L'élection de Clément s'étant faite le 5 du mois de juin, nous n'avons qu'à nous reporter à trente-cinq jours en arrière pour connaître la date exacte du traité des cardinaux, qui eut lieu nécessairement le 1er ou le 2 du mois de mai ; le courrier parti de suite, ayant mis onze jours à faire sa route, il dut arriver à Paris le 12 du même mois, et l'entrevue, qui eut lieu *six jours après,* toujours d'après Villani, ne peut être placée qu'après le dix-huit ou le dix-neuf. Comme après cela le courrier parti pour Pérouse y fut rendu avant le 5 juin, et qu'il dut mettre encore onze jours à faire le trajet, c'est infailliblement entre le 19 et le 25 mai que l'archevêque et le roi se sont concertés à Saint-Jean-d'Angély. Voyons donc si les faits s'accordent avec cette hypothèse

Benoît XI vivait encore lorsque, le 17 mai 1304, l'archevêque de Bordeaux, par besoin sans doute plus que par zèle, entreprit la visite de sa province qui comprenait cinq diocèses, Agen, Saintes, Angoulême, Périgueux et Poitiers. Ces voyages épiscopaux, pendant lesquels les prélats étaient défrayés de droit, eux et leur nombreuse maison, par les églises qu'ils visitaient, devaient être, pour le nécessiteux archevêque, un moyen efficace de suppléer à l'insuffisance de ses revenus. L'évêché d'Agen, que gouvernait son oncle, fut le premier visité. Bertrand traita humainement ce diocèse où il comptait tant de parens et tant d'amis, et sa visite commencée le 17 mai était terminée le 1er septembre. A cette dernière date, il commença la visite de celui de Périgueux qu'il traversa plus rapidement encore et pour cause. C'était alors une contrée ingrate et revêche, peu accessible et peu fréquentée. Les prieurs fermaient leur porte à l'archevêque. Le 6 novembre la visite était finie, et Bertrand se prépara à parcourir le riche diocèse de Poitiers dont l'évêque était son ennemi personnel. Le 11 décembre il y entrait par les abbayes de Nanteuil et de Charroux, laissant de côté les deux évêchés de Saintes et d'Angoulême, qu'il se réservait probablement de parcourir à son retour. Engagé dans la visite de ce vaste diocèse qui, depuis, en a formé trois, il y consacra six mois entiers, c'est-à-dire jusqu'au 20 juin, jour auquel il reçut la nouvelle de son élection. Pour que l'entrevue ait eu lieu, il faut donc qu'à l'époque du rendez-vous nous le rencontrions dans les environs de Saint-Jean-d'Angély, dont le monastère dépendait du diocèse de Saintes : comme rien ne l'eût appelé dans un diocèse qu'il ne visitait pas, nous pourrions lui demander compte de sa présence dans ce lieu fatal, à l'heure et au jour où l'on dit que la papauté fut vendue.

Mais il résulte d'abord de l'Itinéraire officiel de Clément V, Itinéraire rédigé avec un soin minutieux pour constater les droits de gîte du prélat, qu'après avoir atteint Poitiers, où il se trouvait le 27 décembre, jour de la Saint-Jean d'hiver, il ne descendit plus, dans le cours de sa visite pastorale, au-dessous de Luçon et de Niort. De la Saint-Jean au dimanche des Rameaux, il parcourait une partie des départemens actuels de Maine-et-Loire et des Deux-Sèvres, visitant les prieurés ou abbayes de Mortaigne, Tiffauge, Montaigu, Roche-Servière, Granatière, Absie en Gastine, Ardin et Xantone. Il passait le dimanche des Rameaux, 11 avril, à Notre-Dame-de-Fontenay, et de là se dirigeait sur Luçon, où il arrivait le jour de Pâques. De Luçon, il prenait son chemin vers la mer et longeait la côte, de prieuré en prieuré, d'abbaye en abbaye, jusqu'à Beauvoir et Saint-Gervais. Arrivé là le 10 du mois de mai, il était le 12 à La Roche-sur-Yon, et du 12 au 28 il parcourait la route qui sépare La Roche-sur-Yon de Thouars, par Frontenaulx, Lachaise-le-Vicomte, Puybéliard, Châteaumur, Mauléon, Mallièvre et Bressuire. Il revenait ainsi sur ses pas, pour se rapprocher de Poitiers par une ligne diagonale, et jamais, dans ce retour, il ne se trouva à moins de quinze ou vingt lieues de distance de Saint-Jean-d'Angély.

Rentré à Poitiers le 14 juin, il en partait le lendemain mardi pour Fontenay-le-Comte, où il séjournait jusqu'au samedi suivant *pour se recréer, et à ses propres cousts et despens.* Enfin, il quittait Fontenay pour venir à Lusignan, et c'est là que le dimanche 20 juin des courriers arrivés de Pérouse en douze jours lui apportaient la nouvelle de son avènement.

L'entrevue de Saint-Jean-d'Angély est donc matériellement fausse. La mystérieuse et célèbre convention ne peut être qu'une fable et une calomnie. Il y a d'ailleurs une contre-épreuve qui confirme la vérité de ses détails. C'est l'emploi du temps de Philippe-le-Bel, à l'époque indiquée. Tous les documens de son règne prouvent que ce prince ne quitta point les environs de Paris du 18 au 25 mai; le 19 il datait ses ordonnances de Paris; le 25, il les datait de Poissy, c'est-à-dire d'un lieu tout à fait opposé à la direction qu'il aurait dû suivre, soit en allant, soit à son retour. Il n'y pas moyen de supposer que dans cet intervalle il ait fait le voyage de la Saintonge. D'un autre côté, on chercherait vainement dans l'emploi des journées de Charles V une lacune qui pût être expliquée par un voyage du côté de Saint-Jean-d'Angély. L'Itinéraire n'offre ni intervalle, ni solution de continuité, depuis le bulletin 104 auquel commence la visite de l'évêché de Poitiers, jusqu'au bulletin 236, auquel cette visite finit. Il reste donc démontré d'abord que Clément V n'avait point entrepris son voyage dans le Poitou dès le mois de décembre 1304, dans l'intention d'y rencontrer Philippe au mois de mai de l'année suivante; ensuite qu'il ne parut pas dans la Saintonge, où le rendez-vous est assigné par les historiens; enfin, qu'à l'époque du rendez-vous, il séjourna constamment entre La Roche-sur-Yon et Thouars.

Ne pourrait-on pas croire que la tradition accréditée par Villani n'eut pas d'autre origine que ce voyage même de Bertrand du Goth dans la Guienne septentrionale? Ceux qui ignoraient le motif de son déplacement purent soupçonner, après coup, qu'il ne s'était rapproché du centre du royaume que pour préparer son élection qui eut lieu dans le même moment, et sa coupable condescendance envers Philippe-le-Bel sembla justifier plus tard les calomnieuses suppositions de la médisance.

ITINÉRAIRE DE CLÉMENT V.

Droits de visite au diocese d'Agen.—*Prieuré de Labastide* (Ste-Foy-sur-Dordogne.)—Le XIIIe (*acte*) porte queled. seigneur archeuesque procedant a la visite de sa province, il auroit commence à faire sad.te visite au diocese d'Agen et seroit alle au prieure de Labastide de S.te Foy au diocese d'Agen ladite eglise avecq *sa famille* aux despens dud. prieure presche la parolle de Dieu et administre le sacrement de confirmation et confere la tonsure le 17 may 1304.

Prieure de Cabrosa. — Le XV.e est un autre acte portant que led. seigneur archeuesque auroit este a leglise S. André des vignes en la bastide de S.te Foy au diocese d'Agen laquelle eglise est du prieure de Cabrosa qu'il aurait visite et s'en seroit retourné aud. prieure de la bastide ou il auroit *pernocte* aux despens dud. prieur de Cabrosa.

Prieure de Ligors. — Le 16.e porte que led. seigneur archeuesque se seroit aussy transporte au prieure des relligieuses de Ligors au diocese d'Agen et au prieure de Margueronne quil auroit bien et deuement visiteet y couche avecq son train aux despens desd. prieures, le 20 may 1304.

Prieure de Saint-Astier et de Duras. — Le 17 porte que

led. seigneur Archeuesque se seroit aussy transporte au prieure de St-Astier aud. diocese d'Agen et à celluy de Duras ou il auroit couche avecq son train aux despens dud. prieure et y fait la visite.

Le 18 porte que led. seigneur seroit alle a Leuinhac ou il auroit couche en la maison du seigneur dud. lieu invite par led. seigneur *le* 10 *des calendes de juin* 23 may 1304.

Prieure de la Sauveté. (LA SAUVETAT DU DROT.) — Le 19 porte quil seroit alle au prieure de la Sauuete ou il auroit annonce la parolle de Dieu et donne la confirmaon et tonsure a plusieurs personnes et couche aud. prieure avecq son train aux despens de labbe de Sarlat qui lors tenoit led. prieure le 24 may an susd.

PRIEURE DE MARIGNAC.— Le 20 porte que led. seigneur seroit alle a Miramont et y estant seroit descendu au prieure de Marignac pres dud. lieu de Miramont et y annonce la parole de Dieu au peuple confere la confirmaon et tonsure et y auroit couche avecq son train a ses couts et despens le 26 may aud. an.

PRIEURE DE MARMANDE VIRAZEL. — Le 21 porte que led. seigneur seroit alle a Marmande au prieure dud. lieu ou il auroit couche avecq son train aux despens dud. prieure et le lendemain 28 desd. mois et an seroit alle au prieure Virazel ou il auroit fait la visite et annonce la parole de Dieu et confere la confirmaon et tonsure et y sejourne jusques a lendemain aux despens dud. prieure Virazel.

PRIEURE DE GONTAUT. — Le 22 porte que le 29 desd. mois et an led. seigneur seroit arrive au prieure de Gontault ou il auroit fait semblable visite que dessus et demeure jusques au lendemain avecq son train aux despens dud. prieure.

ABBAYE DE CLAYRAC. — Le 23 porte que le 30 desd. moys et an led. seigneur archeuesque seroit arrive a Cleyrac et le lendemain y auroit fait sa visite dans labbaye dud. lieu ou il sejourne deux nuits la première aux despens dud. abbe et la seconde aux siens.

Prieure Ste-Liurade. — Le 24 porte que le premier de juin aud. an il serait alle au prieure de Ste-Liurade qu'il auroit visite et y annonce la parole de Dieu confere la confirmation et tonsure.

Prieurez de Combebeuf et autres. — Le 25 porte qu'il seroit alle le second de juin au prieure des religieuses de Fontgrave ou il auroit aussy annonce la parole de Dieu et le même jour seroit alle au prieure de Combebeuf ou il auroit couche et d'illec seroit aussy en celluy de Lauzun ou il auroit aussy annonce la parole et y couche avecq son train aux despens du prieur.

Prieure de Montauriol. — Le 26 porte que led. seigneur seroit arrive au prieure de Montauriol ou il auroit couche avecq son train le 4 dud. mois de juin.

Montault et Leyrac. — Le 27 porte que led. seigneur archeuesque seroit parvenu au prieure de Montault ou il auroit presche et apres la visite faite se seroit transporté en celluy de Leyrac et d'Illec en celluy de Cassaneuil ou il auroit couche avecq son train en la maison du chappelain dud. lieu le 5 dud. moys de juin.

Monflanquin. — Le 28 porte la visite faite par led. seigneur au prieure de Monflanquin ou il auroit couche avecq sa famille.

De Vaulx. — Le 29 porte que le 7 dud. moys seroit led. s.[r] alle au prieure de Vaulx pres Roquefere ou il auroit fait sa visite et dela seroit alle audit lieu de Roquefere et couche au chasteau avec son train aux despens dud. prieur de Vaulx.

S.[t] Front. — Le 30 porte que led. seigneur archeuesque aussy visite la paroisse de s.[t] Front ou il couche avecq son train aux despens dudit prieur.

Mont Sempron. — Le 31 porte qu'il seroit alle en celluy de Mont Sempron lequel il auroit aussi visite et y couche deux nuits avecq son train aux despens dudit prieur et le lendemain 10 dud. moys il seroit alle à Tornon ou il auroit couche a ses despens.

Courtz (COURS)— *Gaillard de Gasc frère de n.re st père le pape Clément cinquiesme.* — Le 32 porte qu'il seroit alle au prieure de Courtz et icelluy visite il y couche avecq son train et le lendemain desd. moys et an en la maison de Gailhard Dugot son frere qui l'y avoit invite.

Alemans et S.t Silvestre de Grassa *et de* Cambis. (LA GRACE ET CAMBES.) — Le 33 porte que led. seigr archeuesque seroit alle au prieure d'Alemans pres du port de Pene et d'illec au port de Pene ou il auroit couche en la maison de l'euesque d'Agen aux despens dud. prieur d'Alemans et de celuy de St Silvestre pres led. port qu'il auroit fait sa visite et le lendemain il serait alle au prieure de Grassa qu'il auroit visite et apres s'en seroit retorne a la maison dud. euesque d'Agen ou il auroit couche avecq son train aux despens desd. prieures de Grassa et de Cambis.

Abbaye dAysse. (EYSSE). — Le 34 porte que led. seigr archeuesque se seroit transporte en labbaye dAisse dud. diocese ou il auroit aussy annonce la parole de Dieu et couche avecq son train aux despens dud. abbe.

S.t Sacerdos. (SAINT-SARDOS). — Le 35 porte quil seroit alle au prieure de St Sacerdos et presche la parole de Dieu icelluy visite et y couche avecq son train.

AIGUILLON. — Le 36 porte quil seroit alle au prieure dAiguilon aud. diocese icelluy visite et y annonce la parole de Dieu et y couche avecq. son train.

PORT Ste MARIE. — Le 37 porte quil seroit alle en celluy du port de Ste Marie quil aurait aussy visite annonce la parole de Dieu et y couche avecq. son train.

Lezinhac. (LUSIGNAN). — Le 38 porte que ledit seigr archeuesque seroit aussy alle en celluy de Lezinhac quil auroit aussy uisite et y couche avecq son train.

Agen. — Le 39 porte quil seroit aussy alle en la ville d'Agen et illec reçu processionnellement par leuesque et chappitre de lad. eglise et auroit couche en la maison episcopale de lad. ville avecq son train aux despens dud. seigneur euesque et le lendemain auroit celebre messe annonce la parole de Dieu confirme et baille tousure a plusieurs et y fait sejourn aux despens du chappitre.

Visite l'eglise de St-Caprais — Le 40 porte quil seroit alle visiter leglise dud. S. Caprais de lad. ville d'Agen ou il auroit couche en la maison du priore dud. lieu aux despens d'icelluy prieur et de son chappitre.

Prieure de Raynaut (?). — Le 41 porte que le 23 juin 1304 led. seigneur archeuesque en visitant led. diocèse d'Agen arriva au prieure des religieuses de Raynaut et illec aiant annonce la parole de Dieu et fait autres choses convenantes a la dignite archiepale il s'en retourna coucher avecq sa famille a la maison du Seig[r] euesque d'Agen traitant avec la prioresse dud. prioré et avec le prieur du priore de Dalmeyrac auxquels il auroit envoye un visiteur aussy le lendemain feste de la nativité de S. Jean Baptiste led. Seig[r] archeeusque celebra la grand messe en leglise cathedrale d'Agen et prescha la parole de Dieu au peuple et estant invite par le seig.[r] euesque d'Agen y coucha avecq sa famille à la maison dud. euesque.

Prieure de Salvete de Saberiis (La Sauvetat de Favères). — Le 42 porte que led. seig.[r] s'est transporte au prieure de la saulvete de Saberes quil auroit dûment visite et couche en i celluy avecq son train.

Abbaye St-Maurin. — Le 43 porte quil se seroit d'illec transporte en labbaye St-Maurin y estant annonce la parole de Dieu au peuple et fait autres fonctions apartenant au droit et debvoir de visite et le lendemain auroit encore demeure aud. lieu en estant requis et invite par labbe.

Pomavic. — (Pommevic). — Le 44 porte que led. seign.r seroit alle au prieure de Pomavic pres dAutvillar et y celluy auroit deuement visite et y couche avecq sa famille aux despans du prieur le 28 de juin aud. an.

Hault Villar. — (Auvillards). — Le 45 porte que led. seig.r archeuesque seroit alle au prieure de Hault Villar et illec celebre le S.t sacrifice de la messe et y annonce la parole de Dieu et deuement fait la visite et y couche avecq ses domestiques ez maisons du chappitre dud. lieu aux despens dud. prieur.

Golfoech (Golfec) — Le 46 porte que led. seigneur archeuesque se seroit transporte au lieu de Golfoech maison des templiers ou estant il auroit este processionnellement reçeu et apres avoir visite leglise dud. lieu avoir couche avecq son train aux despens du commandeur dud. lieu.

Salvanhan — Leyrac. — (Sauvagnas). — Le 47 porte que le premier jour de juillet aud. an le seigneur archeuesque seroit parvenu en la maison des hospitaliers St Jean de Hierusalem au lieu de Salvanhan et illec receu processionnellement et pource qu'il estoit tard il y coucha et paracheva sa visite le lendemain et y sejourna aux despens du commandeur et d'illec alla au prieure de Leyrac ou il coucha avecq son train aux despens dud. prieur et visita l'eglise dud. lieu.

Asteford. — Le 48 porte que led. seigneur archeuesque se seroit transporte au prieure dAsteford qu'il auroit deuement visite et ce fait seroit retourne aud. lieu de Leyrac et y auroit couche avecq son train aux despens du prieur de Leyrac aiant charge dud. prieure dAstefort.

(Le n° 49 est omis : Il était vraisemblablement formé de l'article de Leyrac, compris dans le précédent.)

Gaulens (GOULÈNE). — Le 50 porte que led. Seigneur se seroit transporte au prieure de Gaulens quil auroit aussy deuement visite et y fait tous les actes requis pour lad. visite et y sejourne avecq son train jusques au lendemain.

MAISON-DIEU. — Le 51 porte que led. Seigneur reverend archeuesque se seroit transporte à la maison Dieu apartenant aux hospitaliers St-Jean de Hierusalem et i celle visite et exerce tous actes y requis et y sejourne avecq son train jusques au lendemain au despens du commandeur.

Romeu (LARROUMIEU).— Le 52 porte que led. Seigneur reverend seroit alle au prieure de Romen visite leglise dud. lieu en icelle annonce la parole fait sejour jusques au lendemain avecq son train ez maisons d un bourgeois du lieu aus despens du prieure.

ABBAYE DE CONDOM. — Le 53 porte que led. Seig[r] se seroit achemine en labbaye de Condom dud. diocese d'Agen et illec celebre messe annonce la parole de Dieu et fait aultres fonctions accoutumées en visitaon et y sejourne avecq son train aux despens de labbaye.

Medicin (MEZIN). — Le 54 porte que led. Seigneur seroit alle au prieure de Medecin quil auroit aussy deuement visite y fait sejour jusques au lendemain aux despens dud. prieur.

NERAC. — Le 55 porte que led. Seig[r] archeuesque seroit alle au prieure de Nerac icelluy deuement visite et y sejourne jusques au lendemain aux despens dud. prieur.

ARGENTON.— Le 56 porte que ledit seigneur seroit alle en la maison de Argenton et y auroit este receu processionnellement et illec visite lad. maison apartenant aux Templiers ou il auroit sejourne avec son train jusques au lendemain aux despens du commandeur.

ABBAYE DE PARAVIS. — Le 57 porte que led. seigneur seroit parvenu au monastere appelle du Paravis pres le port de sainte

Marie qu'il auroit visite et y fait aultres actes requis et y fait sejour avecq. son train en la maison dud. lieu aux despens dud. doyen.

PRIEURE DE BUZET. — Le 58 porte que led. seigneur seroit alle au prieure de Buzet y auroit annonce la parolle de Dieu et aultres fonctions archiepales et sestre retire au lieu de Damazan avecq son train ou il aurait sejourne jusques au lendemain.

LEMAS. — Le 59 porte que ledit seigneur seroit aussy alle au prieure du Mas et y annonce la parole de Dieu et y fait aultres actes de visite et sejourne en icelluy avecq son train jusques au lendemain aux despens du prieur et chappitre dud. lieu.

DIOCESE DE PERIGEUX. — *Saint-Paxans* (?). — Le 60 porte que led. seigneur se seroit transporte le premier de septembre au prieure de St-Paxans et entre au diocese de Perigort et en iceluy annonce la parole de Dieu au peuple et y fait tous actes requis au droit de visite et apres estre alle à Bonnefaire maison des Templiers dud. diocese de Perigort ou auroit sejourne jusques au lendemain avecq son train aux despens du prieure dud. St-Paxans.

MONTCARET. — Le 61 porte que led. seigneur seroit alle au prieure de Montquaret aud. diocese y annonce la parole de Dieu et fait aultres actes de visite et apres sestre transporte aud. lieu de Bonnefaire en la maison desd. Templiers aux despens dud. prieur de Montcaret.

ST MEDART. — Le 62 porte que led. seigneur seroit alle visiter le prieure de St Medart y annonce la parole de Dieu et icelluy visite deuement le tiers de septembre 1304 le mesme jour estre alle au Fleys avecq son train ou il auroit sejourne au despens du prieur dud. St Medart.

LOPCHAC ET GURSON. — Le 63 porte que led. seigneur seroit aussy alle a Lopchac annonce la parole de Dieu et fait aultres actes de visitation et sejourne aud. lieu avecq. son train aux despens du prieur dud. lieu et de celluy de Gurson quil auroit envoye visiter ce mesme jour.

LE FLEIX ET MONTFAUCON. — Le 64 porte que led. seigneur seroit arrive au prieure du Fleix ou il auroit annonce la parole de Dieu et fait aultres actes de visite y sejourne avecq. son train jusques au lendemain et le mesme jour fait visiter celluy de Montfaucon.

Galli assati — (1) *de Pizou.* — Le 65 porte qu'il seroit aussy alle au prieure de *Galli assati* annonce la parole de Dieu en icelluy et fait tous aultres actes de visite et le mesme jour envoye des visiteurs aux prieures du Pizou de Valence et St Saturnin pour les visiter.

PARACOL. — Le 66 porte que led. seigneur seroit aussy alle au prieure de Paracol le 4 septembre y sejourne avecq sa famille jusques au lendemain et led. jour envoye ses visiteurs au prieure de *Gardadels* et de S. Michel *de Clusa* (DE L'ECLUSE) pour les visiter et le lendemain avoir aussy envoye ses visiteurs a celluy de Pech Magal pour le visiter aux despens dud. prieur et auroit audit prieure de Paracol (*pas de sens*) est aussy porte quil auroit envoye visiter le prieure de Champmartin.

ST-PRIVAT. — Le 67 porte que led. seig[r]. archeuesque se seroit transporté au prieure de St-Privat et en icelluy annonce la parole de Dieu et fait aultres actes apartenant à l'office de visite et y auroit sejourne avecq son train le jour qu'il y seroit arrive aux despens dud. prieure et led. jour auroit euvoye ses visiteurs au prieure de Ste-Aulaye et Deschornhac pour les vi-

(1) Le nom de GALLI ASSATI (*coq rôti*) est un de ceux que le copiste s'est borné à transcrire, ne connaissant pas les localités auxquelles ils se rapportaient.

siter et le lendemain auroit envoyé sesd. visiteurs au prieure de Chalais pres Ribeyrac et du Bousquet et sejourne avecq son train au bourg de St-Privat aux despens du prieur de Chalais.

SOURZAC. — Le 68 porte que led. seig[r] archeuesque seroit arrive au prieure de Sourzac et illec annonce la parole de Dieu et fait aultres fonctions d'archeuesque y séjourne avecq son train jusques au lendemain aux despens dud. prieur le 11 septembre audit an 1304 et le lendemain pour se recréer avoir sejourne aud. lieu a ses despens et envoye ses visiteurs au prieure de St-Medart pres Mussidan et de Maureux.

BRAGERAC. — Le 69 porte que led. seig[r] archeuesque se serait transporte au prienre de St-Martin de Bragerac et en icelluy annonce la parole de Dieu et fait tous actes requis en semblable cas et sejourne aud. lieu jusques au lendemain et led. jour de lendemain y avoir sejourne a ses despens envoye ses visiteurs ez prieures de *Pompornio* et de Ribanhac (POMPORT ET RIBAGNAC.)

PREVOSTE DE THELENAC. — Le 70 porte que led. seig.[r] archeuesque seroit alle a la prevoste de Thenolat et illec annonce la parole de Dieu et fait aultres actes requis au droit de visite avoir sejourne aud. lieu avecq sa famille aux despens dud. prevost et le mesme jour avoir envoye ses visiteurs visiter le prieure de la Monzie pres Bragerac et de la Vernha et de Guilgorsa.

Prevoste de Palnat (PAUNAT). — Le 71 porte que led. seigneur se seroit transporte a la presvoste de Palnac icelle visite deuement et y sejourne jusques au lendemain avecq son train aux despens dud. prevost.

CHOSA. — Le 72 porte que led. seigneur le 17 septembre 1304 se seroit transporte au prieure de Chosa aud. diocese et illec annonce la parole de Dicu et y fait autres actes en tels cas accoustumez sejourne jusques au lendemaiu aux despens dud. prieur.

YSSIGEAC. — Le 73 porte que led. seigneur archeuesque auroit aussy visite le doyenne de Yssigeac bien et deuement sejourne jusque au lendemain avecq son train aux despens dud. doyen et led. jour auroit envoye ses visiteurs aux prieures des mostiers et de S.t Germain et y avoir sejourne le jour du samedy (19 *septembre*) aux despens des prieurs de Puy guilhem et S.t Nazar quil aurait fait visiter led. jour.

SEDILHAC. — Le 74 porte que led. seigneur archeuesque seroit arrive au prieure de Sedilhac y presche la parole de Dieu et y fait aultres actes en tels cas requis y sejourne avecq sa famille aux despens dudit prieur et led. jour avoir envoye ses visiteurs au prieure de S.te Aulaye.

AYMET ET TENAC. — Le 75 porte que led. seigneur d'illec seroit alle au prieure d'Aymet annonce la parole de Dieu en icelluy et y administre les sacremens fait sejour aud. lieu avecq son train aux despens dud. lieu et le mesme jour envoye ses visiteurs au prieure de Tenac.

S.t PASTEUR. — Le 76 porte que ledit seigneur archeuesque se seroit transporté au prieure de S.t Pasteur y avoir annonce la parole de Dieu icelluy visite et y séjourne avecq son train aux despens dud. prieur.

S.t AUBIN. — Le 77 porte que led. seigneur seroit alle au prieure de S.t Aubin et illec annonce la parole de Dieu visite led. prieure et y sejourne jusques au lendemain.

RIUS. — Le 78 porte que led. seig.r seroit arrive au prieure de Rius icelluy veu et visite et y fait tous actes requis et nécessaires y sejourne avecq sa famille jusques au lendemain et led. jour avoir envoye ses visiteurs au prieure de Cauzac pour le visiter.

St Avit le Vieux. — Le 79 porte que led. seig.[r] archeuesque continuant sa visite aud. diocese de Perigort seroit parveneu au prieure de St Avit le Vieux ou il fust receu processionnellement et continuant sa visitaon jusques au lendemain ou il demeure a ses despens et le lendemain jour de dimanche 27 de septembre avoir paracheve sa visite aiant fait tous les actes pour ce requis et nécessaires et le lendemain 28 dud. moys de septembre demeure aud. prieure a ses despens pour se recréer, et avoir envoye ses visiteurs aux prieures de Ste Foy de *Longvau* (de Longas) et dosme pour les visiter.

Belvès. — Le 80 porte que led. seig.[r] se seroit achemine au prieure de Belves illec annonce la parole de Dieu et apres avoir celebre la messe confere la confirmation et fait autres actes apartenant à la charge de visite avoir sejourne avecq son train a la maison dun bourgeois aux despens du prieur dud. lieu.

Albug. (Le Bugue, en latin *Albugia*.) — Le 81 porte que led. seig.[r] archeuesque le premier jour d'octobre dud. an 1304 seroit alle en labbaye des religieuses dAlbug y annonce la parole de Dieu et fait aultres actes de visitation sejourne aud. lieu avecq. son train et en contemplaon de la piete avoir remi a labbesse (*un mot illisible*) la procuration et avoir paye de sa propre bourse et le vendredy (2 *octobre*) ensuyvant avoir demeuré audit lieu a ses despens et de ceulx des prieures de *Tageac* (Tayac) et de St Xrofle quil auroit fait visiter led. jour.

St Cyprien. — Le 82 porte que led. seig.[r] archeuesque visitant led. diocese de Perigort seroit parveneu au prieure St Cyprien qu'il auroit visite deuement et fait les actes a ce requis et necessaires.

Cessac—Mondome. — Le 83 porte que led. seig.[r] archeuesque auroit aussy visite le prieure de Cessac pres le Mont de Dome et y fait tous actes a ce requis et necessaires et le lendemain jour de lundy estro monte a leglise dud. Mont Dome et apres avoir ouy messe avoir annonce la parole de Dieu au peuple avoir confere la confirmation et tonsure a plusieurs et pour ce que led. prieur de Cessac auroit refuse de recevoir led. seigneur comme il debvoit et a cause de la violence quil avait use avecq armes et violent injure faite avec effusion de sang au cimetiere dudit prieure en les personnes de messire Helie de Bosco, prebstre et chappelain dudit archeuesque fust par icelluy seig.r archeuesque excommunie et denonce pour excommunie avecq les denommez leurs complices.

Sarlat. — Le 84 porte que led. seigneur seroit alle en labbaye de Sarlat quil auroit visite et en icelle fait tous actes requis en tel cas sejourne aud. lieu avecq son train ez despens de labbe et led. jour avoir envoye ses visiteurs aux prieure de N.re dame de Sarlat de S.t Quentin de *Caneta* (La caneda) et de Montignac qui n'auroient volu recevoir les dits visitateurs ainsy quils auroient rapporte aud. seig.r archeuesque.

S.t Amand. — Le 85 porte que led. seig.r archeuesque seroit arrive le 7 dud. moys d'octobre au monastere *S.t* Amand *de Camera* (Saint-Amand de coli) et aud. lieu fait exercer deuement la charge et office de visite sejourne en icelluy avecq. son train aux depens de labbe.

Terrasson. — Le 86 porte que led. seig.r archeuesque seroit aussy alle en l'abbeïe de Terrasson qu'il l'auroit aussy visitee annoncé la parolle de Dieu en icelle, usé de confirmation, coercition, reformation et faict aultres actes appartenants et dependants du debvoir de visiteur fait séjour en lad. abbaye jusques au lendemain avec son train aux despends dud. abbé et led. jour avoir envoyé ses visiteurs au prieuré S.t Leonard et en la commanderie de Lodornac esquels lieux on ne les voleust recepvoir.

Abbaye de Castres.— Le 87 porte que led. seig[r] archeuesque seroit aussy alle en labbaie de Castres annoncé la parolle de Dieu en icelle, confirmé corrigé reforme baillé tonsure et faict aultres actes dependants du droit de visitaon séjourné aud. lieu avec son train aux despends de l'abbe dud. lieu et ce jour avoir envoye ses visitateurs au prieure de s.[t] Julien de Terrasson.

Perigeux. — Le 88 porte que led. seig.[r] archeuesque seroit entré en la ville et cité de Perigeux et avoir este logé ez maisons episcopales de lad. ville séjourné en icelle avec sa famille aux despens de l'evesque dud. lieu et le lendemain jour de dimanche avoir faict sa visitation en l'eglise cathedrale celebre la grand messe annoncé la parolle de Dieu confirmé plusieurs et baille la tonsure à 4 escoliers et avoir deuement accomply le deubt de visitaon: avoir couché un'aultre nuict en lad. maison episcopale avec son train aux despends du chapitre de lad. eglise: le lundy suivant estre allé à l'eglise St Front y avoir aussi celebré la grand messe, annoncé la parole de Dieu confirmé et baillé la tonsure a plusieurs et faict aultres actes de visitaon et y sejourné avec sa famille jusqu'au lendemain aux despends dud. chapit.[e] de s.[t]-Front.

Abbaye de s.[t] Hastier. — (St Astier.) — Le 89 porte que le 13 d'octobre susd. led. s.[r] archeuesque seroit arrivé en l'abbeïe de s.[t] Hastier et illec apres avoir annoncé la parole de Dieu auroit confirmé plusieurs et faict aultres actes appertenants au debvoir de visite et coucha aud. lieu avec son train aux despends de l'abbé et chapitre et le lendemain bailla la tonsure à plusieurs et y coucha avec sa famille estant invite par l'abbé.

Prieuré de La Faye.— Le 90 porte que led. seig.[r] seroit alle au prieuré de La Faye, ordre de la corone, et illec annonce la parole de Dieu confirmé et tonsuré plusieurs et faict aultres actes de visite : y coucha avec sa famille aux despends du dud. prieur.

ABBAYE DE CHANCELADE. — Le 91 porte que led. seig.r archeuesque seroit allé a l'abbeie de Chancelade y annoncé la parole de Dieu, confirmé, tonsuré, corrigé, réformé et fait aultres actes de visite : y avoir couché avec son train aux despens dud. abbé.

ABBAYE DE TORTOIRAC. — Le 92 porte qne led. seigr archeuesque seroit allé à l'Abbaye de Tortoirac et apres y avoir annoncé la parolle de Dieu confirmé corrigé, reformé et faict aultres actes de visite y auroit couché avec sa famille aux despends dud. abbé et le lendemain aussy à ses propres despends et d'illec avoir envoyé ses visiteurs au prieure ou prévosté de St Raphael et au priore de Nouaillac et au priore de Barts et le jour ensuivant auroit semblablement couché aud. lieu aux despends du prieur ou prévost St Raphael lequel jour il auroit envoyé ses visiteurs aux priorés de Granges, de Gabilon de Ste Eulaye pour les visiter comm aussi le mercredy suivant et auroit semblablement couché aud. lieu aux despends desd. prieurs.

PRIORÉ DE SAINT-RIPERT. — Le 93 porte que le 22 desd. moys et an led. seig.r archeuesque seroit arrivé au prlore St Ripert et led. jour se seroit repu et sejourné avec sa famille en la maison dud. prieur et le jour en suivant il paracheva sa visite en l'église dud. lieu : y prescha, confirma, tousura et feist aultres actes de visite : enfin pour ce que le prieur dudit lieu ne l'avoit pas reçeu comme il debvoit l'excommunia avec ses complices et fauteurs et interdict l'eglise et prioré.

Eissideuil. — (EXCIDEUIL). — Le 94 porte que led. seig.r archeuesque seroit allé a la prévosté d'Essideuil et illec apres avoir presché, confirmé et faict aultres actes de visite y coucha avec son train aux despends dud. prévost.

PRIORÉ DE ST JEHAN D'ESCOLLE. — Le 95 porte que led. seig.r archeuesque seroit allé au prieure de St Jehan d'Escolle et illec ayant annoncé la parole de Dieu confirmé, corrigé et reformé et faict aultres actes de visite y coucha avec son train aux despends dud. prieur : et le mesme jour envoya des visiteurs pour visiter les priorés de Soulac et St Nicolas.

PRIORÉ DE MAREULNEUF. — Le 96 porte que led. seig.r seroit arrivé le 25 dud. moys et au prioré de Mareulneuf et illec ayant presché, confirmé, tonsuré et faict aultres actes de visite y coucha avec son train aux despends dud. prieur et à la parfin excommunia led. prieur pour ne l'avoir pas receu comme il debvoit et interdist le prioré et l'église et peu après led. prieur paya la procuration appaisa le tout et vint d'accord avec led. seigr.

PRIORÉ DE CERCLES. — Le 97 porte que led. Seigr seroit allé au prieuré de Cercles et illec auroit presché, confirmé et faict aultres actes de visite : y couché avec son train aux despens dud. prieur et le mesme jour il envoya ses visiteurs au prioré de Granges.

ABBAYE DE BRANTOSME. — Le 98 porte que led. Seigr archeuesque seroit allé à l'abbaye de Brautosme et illec couché aux despends de l'abbé dudit lieu; et le lendemain avoit parachevé sa visite confirmant, preschant, corrigeant, reformant et faisant aultres actes de visite : et led. our y coucha a ses propres despends et avoir envoyé ses visiteurs aux priorés de Bordeille, de Condat, de la chapelle de Montmord et de la chapelle Foulchier pour les visiter.

PRIORÉ DE SEPTFONS. — Le 99 porte que led. seigr archeuesque seroit arrivé au prioré de Septfonds et illec couché avec son train aux despends dud. prieur et le lendemain faict sa visite en l'église dud. prioré, presché, tonsuré et faict aultres actes de visite ; et pour ce que le prieur fre Raimond Ebrard ne l'avoit pas receu comme il debvoit l'excommunia avec plusieurs aultres y dénommez qui s'estoient opposés avec led. prieur affin que led. seigr archeuesque n'entrast pour visiter led. prioré et interdist led. prioré et eglise et led. jour envoya ses visiteurs visiter les priorés de Montagrier et de Celles.

AUBETERRE. — Le 100 porte que led. seig^{r}. archeuesque seroit arrivé le dernier dud. moys d'octobre à l'eglise séculière d'Aubeterre aud. diocese et led. jour y auroit couché avec son train aux despends de l'abbé de ce chapitre dud. lieu et le lendemain feste de Toussaincts y avoir célebré la grand messe, presché confirmé, corrigé et reformé et faict aultres actes de visite et y couché avec son train et le lundy apres donné la tonsure, et y sejourna estant invité par Me Helies de la Faye : et le mardy suivant s'en alla vers la Mothe St Pexans.

PRIORÉ DE PALNAU. — Le 101 porte que led. seig.^{r} archeuesque avoir esté au prioré de Palnau et illec presché confirmé et faict aultres actes de visite ; y couché avec son train aux despends dud. prieur et le lendemain y avoir sejourné aux despends des Priorés de Salles et Juillac, auxquels il avoit envoyé ses visiteurs.

EGLE SÉCULIÈRE DE ROCHEBEAUCOURT. — Le 102 porte que led. seig.^{r} seroit allé à l'église séculière de Rochebeaucourt et illec presché confirmé, corrigé, reformé et faict aultres actes de visite ; y couché avec son train aux despends du chapitre dud. lieu.

Prieuré du Peyrat. — Le 103 porte que led. seign.^{r} le 6 de novembre audit an seroit arrivé au Prioré du Peyrat et illec presché célebré messe confirmé, et faict aultres actes de visite ; y couché avec sa famille aux despends dud. prieur et led. jour envoyé ses visiteurs aux Priorés S. Severin et de Puifoucault pour les visiter.

CY COMANCE LA VISITE DE LEUESCHE DE POITIERS.

ABBAYE DE NANTEUILH. — Le 104 porte que le 11 decembre aud. an 1304 led. seig.^{r} archeuesque comancant a visiter le diocese de Bourdeaulx (1) est arrive en l'Abbaye de Nanteuilh en

(1). Distraction du copiste qui a mis Bordeaux pour Poitiers.

laquelle auroit esté receu processionnellement couche en icelle avec son train aux despens de l'abbe et le lendemain avoir fait sa visite en lad. Abbaye en y preschant corrigeant reformant confirfirmant et tonsurant et faisant aultres actes de visite et avoir les aultres deux nuicts suyvantes sejourne en lad. Abbaye.

Le vieux Ruffec. — Le 105 porte que led. seig.[r] seroit alle au prieure du vieulx Ruffec ou il aurait sejourne tout le jour avec son train et lendemain avoir annonce la parole de Dieu en leglise dud. prieure confirme et baille tonsure à plusieurs et fait aultres actes en tels cas requis.

Saint Clément de Ciuray. — Le 106 porte que led. seig.[r] archeuesque seroit alle au prieuré de Saint-Clement de Civray et demeure aud. prieure led. jour avec son train et le lendemain matin avoir annonce la parole de Dieu au clergé et peuple y assemblez confirme et baille tonsure a plusieurs et fait aultres actes de visitaon.

Abbaye de Charroulx.—Le 107 porte que le d. seig[r]. seroit alle en l'abbaye de Charroulx et avoir este processionnellement receu en icelle y avoir reste le jour qu'il y seroit arrive et le lendemain y avoir celebre messe annonce la parole de Dieu confirme et baille tonsure et fait aultres actes en tels cas requis.

Vçon. — Le 108 porte que ledit seig[r]. serait alle au prieure de Vçon ou il auroit demenre le jour de son arrivee et le lendemain matin s'estre trrnsporte en leglise dud. prieure presche la parole de Dieu au clerge et peuple y assemblez confirme et baille tonsure a plusieurs et fait aultres actes dependants de la charge de visite.

Gensac (Gençay) — *Abbe de Nouliay* — (Nouaillé.) — Le 109 porte que led. seig[r]. seroit alle avec son train au prieure de Gensac sejourne en icelluy un jour et le lendemain avoir annonce la parole de Dieu confirme et tonsure et fait aultres actes de visite et le d. jour estre alle à Eerrebeuf habitaon de labbe de Noaliay en ayant este invite par led. abbe et y avoir couche.

CHASTEAU ACHARD— Le 110 porte que led. seig[r] seroit alle au prieure de Chasteau Achard ou y aurait couche et lendemain matin y avoir presche confirme et tonsure plusieurs et fait aultres actes de visitaon.

VIVONE. — Le III porte que led. seig[r] seroit allé au prieure de Vivone fait sejour en icelluy et le lendemain matin avoir presche en l'eglise d'icelluy confirme et tonsure plusieurs et fait aultres actes dependans dud. droit de visite.

COMBLET. — Le 112 porte que led. seig[r]. seroit alle au prieure de Comblet et que le prieur dud. lieu s'en estant fuy et cache n'auroit peu estre trouve le jour de son arrivee Neantmoins y avoir sejourne et le lendemain led. prieur est veneu et s'est soubsmis à la volonte dud. seig[r] archeuesque lequel seig[r] luy auroit remis l'injure quil avoit receue pour navoir este receu honnorablement et avoir annonce la parole de Dieu en léglise dud. presche confirme et tonsure et fait aultres actes de visite vu que le prieur avoit satisffait aux fraiz faicts par led. seig[r] le jour précédent.

IAZANEULH. — Le 113 porte que led. Seig[r] archeuesque seroit alle au prieure de Iazaneulh ou il auroit sejourne le jour de son arrivee et le lendemain matin avoir este en leglise dud. lieu annonce la parole de Dieu au clergé et peuple y assemblez confirme et baille tonsure a plusieurs et fait aultres actes de visite.

LA CHAPELLE MONTREULH BONIN. — Le 114 porte que led. Seig[r] seroit arrive le 22 decembre audit au au prieure de la chapelle de Montreulh Bonin avoir sejourne en icelluy ledit jour et le lendemain matin estre alle a leglise dud. prieure y presche confirme et baille tonsure et fait aultres actes en tels cas requis.

Le 115 porte que led. seigr seroit alle au prieure de Montreulh Bonin ou il auroit sejourné avecq son train un jour et le lendemain continuant sa visite estre alle en leglise dud. prieure y annonce la parole de Dieu tonsure et confirme plusieurs et fait aultres actes de visite.

St-Cyprien. — Le 116 porte que led. seigr seroit alle en la ville et cite de Poitiers le 24 dud. moys descendu en l'abbaye St-Cyprien ou il auroit couche et le lendemain jour de vendredy feste de la nativité nre seigneur avoir aussy couche avecq son train avecq labbe de lad. abbaye y celebre la grand messe corrige reforme annonce la parole de Dieu confirme tonsure et fait aultres actes dependants de sa visite.

Nre dame la grand de Poitiers. — Le 117 porte que visitant lad. ville de Poitiers avoir este en leglise Nre Dame la grand y avoir celebre la grand messe presche confirme et baille tonsure a plusieurs et fait aultres actes de visitation et avoir couche en la maison de Mr Jean de Placence Aulmosnier de lad. eglise aux despens de labbe et chappitre d'icelle.

Eglise cathedrale de Poitiers. — Mostier-Neuf. — Le 118 porte que led. seigr. archeuesque le 27 dud. moys jour de dimanche feste St Jean evangeliste seroit alle en léglise cathedrale St-Pierre de lad. ville de Poitiers celebre en icelle la grand messe sejourne led. jour avecq son train ez maisons episcopales aux despens de leuesque le lendemain avoir annonce la parole de Dieu en lad. eglise confirme et tonsure plusieurs et led. jour estre allé en labbaye de Mostier Neuf et y avoir este recu processionnellemeut par labbe et convent dud. monastere avecq son train led. jour aux despens de labbe et convent.

La chapelle de Molere. — Le 119 porte que led. seig.r seroit alle au prieure de la chapelle de Molere ou il auroit couche avecq son train et le lendemain matin annonce la parole de

Dieu en leglise dud. prieure confirme et tonsure plusieurs et fait aultres actes dependans de sa charge et pour se recreer auroit sejourne aud. lieu à ses despens un jour.

Montor.—Le 120 porte que led. seig.r seroit alle au prieure de Montor sejourne en icelluy un jour avecq sa famille et le lendemain matin avoir annonce la parole de Dieu en leglise dud. prieure confirme et fait aultres actes de visite.

Ceniliac (Senillé). — Le 121 porte que led. seigneur seroit alle le premier de janvier au prieure de Ceniliac ou il auroit sejourne led. jour et le lendemain annonce la parole de Dieu confirme et tonsure plusieurs.

Chasteau ayre (Chatellerault). — Le 122 porte que led. seigneur seroit arrive le second dud. mois de janvier aud. an au chasteau eyraud et estre descendu au prieure S.t Romain dud. chasteau couche en icelluy avecq son train aux despens dud. prieur et le lendemain y avoir presche confirme tonsure et sejourne aud. prieure aux despens du prieure de S.t Iaques dud. chasteau.

Bussiere (Buxeuil). — Le 123 porte que led. seig.r seroit alle au prieure de Bussiere ou il auroit couche et le lendemain presche confirme et tonsure plusieurs.

S.t Remy. — Le 124 porte que led. seig.r seroit alle au prieure de s.t Remy ou il auroit couche et le lendemain annonce la parole de Dieu confirme et tonsure plusieurs.

Pozay vieulx. — Le 125 porte que led. s.r seroit alle au prieure de Pozay vieulx ou il auroit sejourne avecq son train et le lendemain y avoir annonce la parole de Dieu confirme et tonsure plusieurs.

Mercy Dieu. — Le 126 porte que le seig.r seroit alle au prieure de Vic avoir couche en icelluy avecq son train et le lendemain y avoir presche confirme et tonsure plusieurs et le mesme jour estre alle en labbaye de la Mercy Dieu ou il auroit este invite et traite *charitablement* (1). avecq sa famille par labbe dicelle.

LIURAC (LURAIS). — Le 127 porte que led. seig.[r] seroit alle au prieure de Liurac ou il auroit annonce la parole de Dieu confirme et tonsure plusieurs et couche avecq. son train.

ANGLES. — Le 128 porte que le mesme seig.[r] seroit alle en labbaye dAngles y presche et annonce la parole de Dieu confirme et tonsure plusieurs et couche avecq son train.

CUBILHAC. — Le 129 porte que led. s.[r] seroit alle au prieure de Cubilhac presche la parole de Dieu confirme et tonsure plusieurs et couche aud. prieure avecq son train.

EGLISE DE MORTEMER. — Le 130 porte que led. seig.[r] seroit arrive le 12 dud. moys de janvier aud. an en leglise de Mortemer en laquelle auroit presche confirme et tonsure plusieurs et y couche avecq son train procuraon avec le chapitre dud. lieu.

St SAVIN— JOETS ET CONCISA. (JOUHET ET CONCISE.) — Le 131 porte que led. seig.[r] seroit alle en l'abbaye de s. Savin couche en icelle et le lendemain après avoir corrige reforme confirme tonsure et fait aultres actes de visite y auroit encore couche avecq son train par double procuraon et le jour suyvant avoir encore sejourne aud. lieu aux despens des prieures de Joets et de Concisa lesquels il auroit envoye visiter auxquels a cause de la tempeste qui avoit este sur leurs benefices remit une procuraon de deux qu'ils en debvoient.

A LA TRIMOUILLE. — Le 132 porte que led. seig.[r] seroit alle au prieure de Tremouille annonce la parole de Dieu en icelluy confirme et tonsure et fait aultres actes.

LASTURE. (LATHUS.) — Le 133 porte que led. seig.[r] archeues-

(1) CARITATIVÈ sans doute, mal traduit par le copiste.

que seroit arrive le 17 janvier 1304 (*v. st.*) au prieure de Lasture y presche confirme tonsure et couche avecq son train.

Montmoreau. (MONTMORILLON.) — Le 134 porte que led. seig.r archeuesque seroit alle au prieure de S.t Martial de Montmoreau y couche annonce le lendemain la parole de Dieu confirme et tonsure plusieurs et de la estre alle a l'aumosnerie dud. lieu ou auroit este invite par le prieur et y couche avecq sa famille et le lendemain matin confirme et tonsure.

SAUGEY (SAUGÉ.) — Le 135 porte que led. seig.r seroit alle au prieure de Saugeay ou il auroit couche avecq son train annonce la parole de Dieu confirme et tonsure plusieurs.

Placence. — Le 136 porte que led. seig.r seroit alle au prieure de Placence couche en icelluy avecq son train et le lendemain avoir este en leglise dud. prieure y presche confirme et tonsure plusieurs.

LUCHAC (LUSAC). — Le 137 porte que led. seigneur seroit alle au prieure de Luchac ou il auroit couche avecq son train et le lendemain este en leglise dud. prieure presche confirme et tonsure plusieurs.

MAZEROLLES. — Le 138 porte que led. seig.r seroit alle au prieure de Mazerolles ou auroit couche et le lendemain matin este en leglise dud. prieure presche confirme et tonsure.

Grand Cauina. — Le 139 porte que led. seig.r archeuesque seroit alle au prieure de Grand Cauina couche en icelluy avecq son train et lendemain estre alle en leglise dud. prieure presche et confirme.

BOESSE. — Le 140 porte que led. seig.r seroit alle le 25 janvier 1304 (*v. st.*) au prieure de Boesse couche en icelluy avecq son train le lendemain estre alle en leglise dud. prieure presche confirme et tonsure et fait aultres actes de visite.

SALES. — Le 141 porte que led. seig.[r] seroit alle au prieure de Sales y couche avecq son train et le lendemain estre alle en leglise dicelluy presche confirme et tonsure et faict aultres actes de visite.

Quinssiac als des Vmbres (St BENOIT DE QUINÇAY). — Le 142 porte que le d. seig.[r] seroit alle en labbaye de St Benoist de Quinsiac aultrement appellée des Vmbres ou il auroit sejourne deux jours par double procuraon aux despens de labbe et pendant son sejour presche corrige reforme et confirme et fait aultres actes de visite.

LEGUGEAY (LIGUGÉ.) — ABBAYE DU PIN. — Le 143 porte que led. seig.[r] seroit alle au prieure de Legugeay et illec presche la parole de Dieu confirme tonsure et couche avecq son train aux despens dud. prieur et le lendemain estre alle en labbaye du pin ordre de Cisteaulx ou par hospitalite feust receu et y coucha avecq son train.

VAUXELLE. — Le 144 porte que led. seigneur seroit arrive le dernier de ianvier au prieure de Vauzelle ou auroit annonce la parole de Dieu confirme et tonsure et fait aultres actes de visite et y couche avecq son train aux despens dud. prieur.

CHALANDRAY. — Le 145 porte que led. seig.[r] seroit alle au prieure Chalandray y annonce la parole de Dieu confirme tonsure couche en icelluy avecq sa famille le premier de febvrier audit an 1304 (*v. st.*)

St *Laurent de Pertiniac* — (PARTHENAY-LE-VIEUX). — Le 146 porte que led. seigneur seroit alle au prieuré de St Laurent et illec celebre messe et presche et le lendemain y sejourne tonsure et confirme et fait sa visite et y demeure led. jour aux despens du recteur *de Villa* quil auroit envoye visiter et le quatriesme dud. moys visite confirme et tonsure en leglise du Sepulcre et par apres alle au prieure s. Jaques de Pertiniac le vieulx et y continue sa visite jusques au lendemain et le lendemain cinquiesme de febvrier alle au prieure de s.t Paul de Pertiniac ou il continue sa visite et le lendemain sixiesme dud. moys il acheva sa visite en leglise dud. prieure et sejourna illec aux despens du chappitre et chanoine s.te Croix de Pertiniac lesquels il avoit envoye visiter.

Gorge. — (Gourgé.) — Le 147 porte que led. seigneur seroit alle au prieure de Gorge ou il auroit annonce la parole de Dieu confirme et tonsure et fait aultres actes de visite et y auroit couche avecq son train aux despens du prieur desd. lieux et de ceulx de la peyrate et de la meyre et le lendemain baille la tonsure aud. lieu.

Aurival (Airvault, en latin *Aurea Vallis*). — Le 148 porte que led. seigr. seroit alle en labbaye daurival ou il auroit couche led. jour et lensuyvant avecq. son train et durant led. temps il acheva sa visite corrigeant reformant confirmant tonsurant et faisant aultres actes de visite.

St-Jouin de Marnis (St Jouin de Marnes). — Le 149 porte que led. seigneur archeuesque seroit alle en labbaye de St Jouin de Marnis ou il auroit couche deulx nuicts avecq son train par double procuraon de labbe et convent illec presche et fait aultres actes de visite.

Marnis (Marnes). — Le 150 porte que led. seigr. seroit alle en l'eglise de Marnis y presche confirme et tonsure et led. jour envoye ses visiteurs en celle de s. Generaix qui doibt demy procuraon et auroit couche avec son train au lieu de Marnis aux despens du recteur.

Montchaut. — Le 151 porte que led. seigr. seroit alle au prieure de Montchaut couche en icelluy avecq sa famille et le lendemain este en leglise dud. lieu annonce la parole de Dieu confirme tonsure et fait aultres actes de visite.

Salve (St Jean de Sauves ?). — Le 152 porte que led.

seigneur archeuesque seroit arrive le 14 dud. moys de febvrier aud. an au prieure de Salve ou il auroit couche avecq son train et le lendemain este en leglise dud. prieure y presche confirme et fait aultres actes.

CRAGEON. — Le 153 porte qu'il seroit arrive au prieure de Crageon ou il aurait couche avec son train et le lendemain y avoir annonce la parole de Dieu confirme tonsure et fait aultres actes de visite.

MIRABEAU. — Le 154 porte que led. seig.r seroit arrive au prieure de Mirabeau et illecques avoir premierement visité celui de Verdelay et apres cellui de St Andre dud. Mirabeau et continuant sa visite au lendemain auroit couche avecq son train aud. Mirabeau, et y avoir sejourne aux despens du recteur et cures des églises dud. Mirabeau lesquelles il avoit envoye visiter.

COILLAC.— CELLE. —Le 155 porte que led. seig.r archeuesque seroit alle au prioré de Coillac presche la parole de Dieu en iceluy confirme et tonsure plusieurs et le mesme jour estre alle au prieure de Celle ou auroit couche avec son train aux despends du prieur et le lendemain presche la parole de Dieu confirme et tonsure et fait aultres actes de visite.

NOTRE-DAME DE LODUN. — Le 156 porte que led. seign.r seroit alle au prioré de Nre Dame de Lodun couche avec son train en la maison de certain gentilhomme dud. Lodun aux despends du prieur et le lendemain avoir sejourne aud. lieu aux despends du cure et le lendemain avoir annoncé la parolle de Dieu en leglise Ste Croix confirme et tonsure plusieurs et le jour suivant avoir sejourne en lad. maison aux despends du chapitre S.t Leger de lad. ville et icelle visite.

Arsac. — (ARÇAY.) — Le 157 porte que led. seigneur seroit alle au prioré dArsac couche en icelluy avecq son train et y avoir le lendemain presche et fait aultres actes de visite.

Bornan.—Le 158 porte que led. seigneur seroit alle au prieure de Bornan couche en icelluy aux despens dud. prieur et le lendemain avoir visite trois abbayes avec les chappelles dud. lieu et le jour suivant avoir este visiter le prieuré de Moleon sur la Dive aux despens dud. prieuré et le lendemain avoir este visiter le prieure de Meron aux despens dud. prieur et le jour suyvant avoir este visiter le prieuré de Montreulh Berlay aux despens du prieur et le lendemain lundy devant les cendres (1 *mars*) avoir entré dans Thouars et visite l'abbaye St Lany (S. Laon de Thouars, en latin *Sanctus Launus*) aux despens de labbé.

St Jean de Bonneval (de Bonnes-Vaux). — Le 159 porte que led. seigr seroit arrive le second de mars aud. an en labbaye des religieuses St Jean de Bonneval près Thouars quil auroit visitée et y couche aux despens de labbesse et convent.

St Pierre de Touars. — Le 160 porte que led. seigr auroit visite leglise St Pierre de Touars aux despens du doyen et chappitre de lad. eglise.

Chambon. — Le 161 porte que led. seigr auroit visite labbaye de Chambon en icelle annonce la parole de Dieu et fait aultres actes de visitāon et couche avecq son train.

Siege Brinhon (la Sie en brignon, en latin, *de Sede Brignoni*). — Le 162 porte que led. seigr seroit alle visiter labbaye de Siege Brinhon presche la parole de Dieu et fait aultres actes de visite et couche avecq son train.

Ferrieres.—Le 163 porte que led. seigr seroit alle en labbaye de Ferrieres couche en icelle avecq son train et le lendemain avoir annonce la parole de Dieu confirme et tonsure.

Puy Nre dame. — Le 164 porte que led. seigr seroit alle au prieure du puy nre dame ou il aurait annoncé la parole de Dieu et y fait aultres actes de visite et couche avecq son train.

Du Berche (Les Verchers). — Le 165 porte que led. seigr seroit alle au prieure du berche y couche avecq son train et le lendemain annonce la parole de Dieu confirme et fait aultres actes de visite.

Concosomo (Concourson). — Le 166 porte que led. seig^r^ seroit alle au prieure de Concosomo couche en icelluy avecq son train et y avoir le lendemain presche confirme et fait aultres actes de visite.

Monts des Eglises (Montilliers, en latin *Mons ecclesiarum.*)— Le 167 porte que led. seig^r^ seroit alle au prieure des Monts des Eglises couche en icelluy avecq son train et avoir envoye ses visiteurs au prieure de Passaven pour le visiter et le lendemain avoir annonce la parole de Dieu en leglise du prieure des Monts des Eglises confirme tonsure et couche aux despens du prieur de Passaven.

D'Iiviers (Vihiers). — Le 168 porte que led. seig^r^ auroit aussy visite le prieure de n^re^ dame de Viers couche en icelluy avecq son train et le lendemain presche confirme et tonsure plusieurs.

Corromo (Coron— Trementine— Latour-landry)—Le 169 porte que led. seig^r^ seroit alle au prieure de Corromo ou il auroit couche avecq son train et led. jour auroit fait visiter les prieures de Vezins de Chanteloup et de Crementines et de tour landric et en continuant sa visite aud. prieure de Corromo le lendemain auroit presche en icelluy confirme et tonsure plusieurs.

Cholet. — Le 170 porte que led. seig.^r^ seroit arrive le 14 mars au prieure de Cholet couche en icelluy avecq son train et le lendemain y presche confirme tonsure et fait aultres actes de visite.

Belefont. — Le 171 porte que led. seigneur seroit alle en l'abbaye de Bellefont couche en icelle avecq son train et le lendemain presche la parole de Dieu confirme et tonsure et fait aultres actes de visite.

MORTAIGNE. — Le 172 porte que led. seigneur auroit visite le prieure de Mortaigne, couche en icelluy avecq son train et le lendemain y avoir presche confirme et tonsure et fait aultres actes de visite.

TIFFOGES. — Le 173 porte que led. seig.r archeuesque seroit alle au prieure de Tiffoges couche en icelluy avecq son train ez maisons du castelan et le lendemain y presche la parole de Dieu confirme tonsure et fait aultres actes de visite.

MONTAIGU. — Le 174 porte que led. seigneur seroit alle au prieure de S. Georges pres Montaigu y couche et le lendemain presche, confirme et fait aultres actes de visite.

MONTAIGU. — Le 175 porte que led. seig.r seroit alle au lieu de Montagu couche en icelluy avecq son train ez maisons des doyen et prieur et le lendemain 20 dud. moys de mars avoir sejourne aud. lieu, presche la parole de Dieu, confirme et fait aultres actes de visite.

ROCHESERVIER — Le 176 porte que led. seigneur seroit alle au prieure de Roche Serviere couche en icelluy avec sa famille le lendemain y presche la parole de Dieu et y avoir sejourne led. jour a ses despens et baille la tonsure à quelques enfans.

CHAVANHES. — Le 177 porte que led. seigneur seroit alle au prieure de Chavanhes ou il auroit couche avecq son train et le lendemain annonce la parole de Dieu et fait aultres actes de visite.

GRANATIERE. — Le 178 porte que led. seigneur seroit alle en labbaye de Granatiere couche en icelle avec son train et le lendemain y presche la parole et fait aultres actes de visite.

St Pierre des Alberts. — (LES HERBIERS.) — Le 179 porte

que led. seigneur seroit arrive le 25 de mars 1305 (1) au prieure de S. Pierre des Alberts y annonce la parole de Dieu confirme et tonsure plusieurs et fait aultres actes de visite.

BLANCHE PIERRE. — Le 180 porte que led. seigneur seroit alle au prieure de Blanche Pierre couche en icelluy avecq son train et le lendemain y avoir annonce la parole de Dieu confirme et fait aultres actes de visite.

Podauges (POUZAUGES). — Le 181 porte que led. seigneur seroit alle au prieure de Podauges en icelluy couche avec sa famille au chasteau du seigneur dud. lieu aux despens du prieur dud. lieu et du recteur de leglise S[t] Jaques du mesme lieu et le lendemain avoir annonce la parole de Dieu confirme fait et aultres actes de visite.

CAVEFAYE. — Le 182 porte que led. seigneur seroit alle au prieure de Cavefaye y couche avecq son train et le lendemain annonce la parole de Dieu confirme et tonsure et fait aultres actes de visite.

MAULEON. — Le 183 porte que led. seigneur seroit alle au prieure de Mauleon y avoir couche avecq son train et le lende-

(1) Le traducteur qui a suivi jusqu'ici l'ancien style, en attribuant les mois de janvier et février à l'année 1304, semble adopter le nouveau dans cet article, en rapportant le 25 de mars à l'année 1305, tandis que cette année ne commença, selon l'ancien style, que le jour de Pâques, 18 avril. Ceci ne peut pas être une simple inadvertance, ou une erreur de transcription, car aux articles 189, 190 et 194 il rapporte encore à l'année 1305 les journées des 6, 7 et 12 avril. Il faut en conclure que la traduction est postérieure à la réforme de 1564, qui fit commencer l'année au 1er janvier. L'écriture du MSS. paraît en effet appartenir à cette époque et on pourrait en placer la date entre les années 1560 et 1570.

main y presche la parole de Dieu confirme et fait aultres actes de visite.

Bezauges (BAZOGES). — Le 184 porte que led. seigneur seroit alle au prieure de Bezauges quil auroit visite et le jour suyvant avoir visite celluy de Vouvans et le lendemain celluy de S. Morice de Noix.

Absie en Gastiniois (EN GASTINE). — Le 185 porte que led. seigneur seroit alle en labbaye d'Absie en Gastine couche en celle avecq son train et le lendemain presche confirme et tonsure et fait plusieurs actes de visite.

S.t Paul de Gastiniois. — Le 186 porte que led. seigneur alla visiter le prieure de S.t Paul de Gastine y presche la parole de Dieu confirme et fait aultres actes de visite couche en icelluy avecq son train.

Buselle (BUSSEAU). — Le 187 porte que led. seig.r seroit alle au prieure de Busselle couche en icelluy avec son train et le lendemain y annonce la parole de Dieu confirme et tonsure et fait aultres actes de visite.

Bunhac (LE BUIGNON). — Le 188 porte que led. seig.r seroit alle au prieure de Bunhac et illec auroit couche et le lendemain y avoir annonce la parole de Dieu confirme tonsure et fait aultres actes de visite.

Dardino. — (ARDIN). — Le 189 porte que ledit seigneur seroit arrive le sixiesme apvril audit an 1305 au prieure d'Ardino ou auroit couche avecq son train lendemain annonce la parole de Dieu confirme tonsure et faict actes de visite.

Xaintes. — (XANTON). — Le 190 porte que ledit seigneur seroit arrive le septiesme d'apvril 1305 au prieure de Xaintes couche en ycelluy avecq son train et le lendemain y avoir annonce la parole de Dieu et faict aultres actes de visite.

Saint-Michel du Claux. — Le 191 porte que ledit seigneur seroit alle au prieure St.-Michel-Duclaux près Fontenay couche en ycelluy avec son train et le lendemain (9 *avril*) y avoir presche confirme tonsure et faict aultres actes de visite.

N.-D. de Fontenay. — Le 192 porte que ledit seigneur seroit alle (*le* 10 *avril*) au prieure de Notre-Dame-de-Fontenay couche en ycelluy avecq son train et le lendemain y avoir annonce la parole de Dieu qui estoit le jour des Rameaux (11 *avril*), et avoir sejourne ledit jour audit lieu aux despens du prieure de Saint-Hilaire dudit Fontenay.

Ozay. — (Auzais). — Le 193 porte que ledit seigneur seroit alle visiter le prieure de Ozay couche en ycelluy avecq son train et le lendemain presche confirme tonsure et faict aultres actes de visite.

Marchay. — Le 194 porte que ledit seigneur seroit alle au prieure de Marchay couche en icelluy avecq son train et le lendemain annonce la parole de Dieu confirme et tonsure et faict aultres actes de visite le 12 apvril 1305.

Hermeneaud. — Le 195 porte que ledit seigneur seroit arrive le 13 apvril au prieure de Hermenaud couche en icelluy avecq son train y presche le lendemain (14 *avril*) confirme tonsure et faict aultres actes de visite.

Mozon — (Mouzeuil). — Le 196 porte que ledit seigneur seroit alle (*le* 15 *avril*) au prieure de Mozon couche en icelluy avecq son train et le lendemain jour de Vendredy-Saint (16 *avril*) avoir demeure audit lieu à ses despens et le samedi veille de Pasques annonce la parole de Dieu confirme tonsure et faict aultres actes de visite.

Lusson. — Le 197 porte que ledit seigneur seroit alle en l'abbaye de Lusson et y avoir este reçeu avecq grand joye et musique instruments orgues cimbales sonantz et autre grand solemnite couche audit lieu avecq son train et le lundy de Pasques avoir presche confirme et tonsure et faict autres actes tant au chapitre que hors icelluy avoir couche audit lieu ledit jour a ce invite par labbe.

Moustiers. — Le 198 porte que ledit seigneur seroit alle au prieure des Mostiers sur Ledam couche en icelluy avecq son train et ledit jour avoir envoye visiter le prieure de St-Jovin et celui de St.-Martin l'Ars de *Calheria* de*Jaudhoneria* (La Caillère, la Jaudonière) et le lendemain annonce la parole de Dieu en l'eglise dudit prieure de Mostiers confirme et tonsure.

Bellenoe. — Le 199 porte que ledit seigneur auroit visite le 20 apvril *(mardi de Pâques)* le prieure de Bellenoe couche en ycelluy avecq son train et le lendemain (21) annonce la parole de Dieu et faict autres actes de visite.

St-Michel in Heremo. — (St.-Michel en l'Herm.) — Le 200 porte que ledit seigneur seroit alle *(le 22 avril)* en l'abbaye St.-Michel in Heremo couche en icelle avecq son train avoir envoye visiter le prieure de Mareuilh et le tiers jour (24) estre entre en l'église dudit lieu y annonce la parole de Dieu confirme et tonsure.

Curson. — (Gurson). Le 201 porte que ledit seigneur seroit alle au prieure de Curson couché en ycelluy avecq son train et le lendemain jour de Quasimodo *(25 avril)* avoir sejourne audit lieu aux despens des prieures St.-Irisse et St.-Benoist des Angles lesquels ledit jour il auroit faict visiter et que le lundy suyvant (26) auroit presche confirme et tonsure.

Angles.—Le 202 porte que ledit seigneur archeuesque seroit alle au prieure des Angles et couche en ycelluy avecq son train et le lendemain (27) y avoir faict sa visite confirme et tonsure.

Longueville. — (Longeville). — Le 203 porte que ledit seigneur archevesque seroit arrive au prieure de Longueville et illec couche avecq son train et continuant sa visite jusques au lendemain (28) annonce la parole de Dieu confirme tonsure et faict aultres actes de visite.

Maufetz. — (MAUXFAITS). Le 204 porte que ledit seigneur seroit parvenu au prieure de Maufetz en icelluy couche avecq son train et le lendemain (29) y avoir presche confirme tonsure et faict autres actes de visite et ledit jour y avoir sejourne pour se recréer et envoye ses visitateurs aux prieures du Champ St-Pierre et St.-*Guian sur Séparin* et le tiers-jour *(30 avril)* estre alle en l'abbaye de Lieu-Dieu-en-Jard et estre receu par honestete y avoir couche avecq son train aux despens de labbe dudit lieu et le lendemain matin *(1 mai)* y avoir entendu messe confirme et tonsure plusieurs.

Talamont. — (TALMONT.) Le 205 porte que ledit seigneur seroit alle en l'abbaye de Talamout et y avoir sejourne deux jours *(1 et 2 mai)* esquels il aurait faict sa visite et le tiers jour (3 *mai*) annonce la parole de Dieu confirme et tonsure.

Orbisterio. — (ORBÊTIER.) Le 206 porte que le *unzième* de may (1), ledit seigneur serait alle en l'abbaye d'Orbisterio couche en icelle avecq son train et le lendemain *(4 mai)* annonce la parole de Dieu et demeure pour achever sa visite.

STE-CROIX D'AULONNE — Le 207 porte que ledit seigneur seroit alle au prieure Ste-Croix d'Aulonne couche en icelluy avecq son train envoye visiter le prieure de *Vindocinio* et le lendemain (5 *mai*) annonce la parole de Dieu et faict aultres actes de visitation.

Assian (?) Le 208 porte que ledit seigneur seroit alle au prieure de Assian mouvant de Malmostiers auquel il auroit couche et le lendemain (6 *mai*) continue sa visitation et faict les actes requis en ycelle.

(1) Il est évident qu'il faut lire *troisiesme*.

Quiniguères. — (COMMEQUIERS.) Le 209 porte que ledit seigneur seroit alle au prieure Quinegueres mouvant de ladite abbaye de Malmostier couche en ycelluy avecq son train et faict les aultres actes apartenantz à sa visite le sixiesme mai 1305.

SALLARTÈNE. — Le 210 porte que ledit seigneur seroit arrive le 7 mai 1305 au prieure de Salartène deppendant aussy de ladite abbaye de Malmostiers couche en ycelluy avecq son train le lendemain (8 *mai*) annonce la parole de Dieu confirme et tonsure et encore couche audit lieu.

BEAUVOIR. — Le 211 porte que ledit seigneur seroit alle au prieure de Beauvoir ou auroit celebre messe annonce la parole de Dieu confirme et tonsure et couche audit lieu *(le* 9 *mai)* avecq son train.

SAINT-GERVAIS. — Le 212 porte que ledit seigneur auroit visite le prieure de St.-Gervais en ycelluy annonce la parole de Dieu confirme et tonsure et y couche avec son train (10 *mai*).

Roque-sur-Rieu. — (ROCHE-SUR-YON.) Le 213 porte que ledit seigneur auroit visite le prieure de Roque-sur-Rieu et le 12 dudit moys de may avoir aussi visite celluy de Fontaines et le jour suyvant (13) avoir visite l'abbaye de Frontenaulx et le jour suyvant (14) avoir visite le prieure de Chezay le Visconte *(La Chaise-le-Vicomte)* et avoir le lendemain (15) sejourne audit lieu à ses propres despens et le jour suyvant (16) et le lundy (17) apres avoir faict sa visite et demeure au mesme lieu à ses depens et le mardy (18) avoir visite le prieure Dexartz *(Les Essarts)* et le mercredy suyvant (19) avoir visite le prieure de Montchans *(Mouchamps)* le jeudy (20) celluy de Segornay-de-Puybeliard ou il auroit couche.

CHASTEAU-MUR. — Le 214 porte que ledit seigneur auroit visite le prieure de Chasteaumur et y couche avecq son train et le lendemain (21) annonce la parole de Dieu confirme tonsure et faict deuement sa visite.

Treze-Vents. — Le 215 porte qu'il auroit le 22 may deuement visite le prieure de Treze-Vents et d'illec estre alle en ycelluy de St.-Jovin-de-Mauleon ou il auroit couche avec son train et le lendemain dimanche auparavant l'Assention (23 *mai*) este en l'abbaye dudit Mauleon annonce la parole de Dieu confirme et tonsure et deuement paracheve sa visite et y couche avecq son train.

St-Jean de Malebrerio. — (MALLIÈVRE.) — Le 216 porte que ledit seigneur arriva au prieure St.-Jean-de-Malebres (24 *mai*) presche audit lieu confirme et faict aultres actes de visite.

ST-CLÉMENT. — Le 217 porte que ledit seigneur seroit alle au prieure de St.-Clement couche en icelluy avec son train et le lendemain (25) annonce la parole de Dieu confirme et tonsure.

ST-CYPRIEN. — Le 218 porte que ledit seigneur auroit visite le prieure de St.-Cyprien près Bertoire (1) couche en icelluy avecq son train et le lendemain jour de l'Assention (*jeudi* 27 *mai*) estre alle au prieure dudit Bertoire ou il auroit celebre la grand messe annonce la parole de Dieu confirme et deuement visite l'eglise dudit prieure et couche avecq son train en celluy de St.-Cyprien aux despens de celluy de Bertoire.

SAINT-JAQUES. — Le 219 porteque ledit seigneur seroit alle (*le* 28 *mai*) au prieure St.-Jaques pres Touars couche en ycelluy avecq son train annonce la parole de Dieu confirme et faict deuement sa visite et demeure audit lieu (*le* 29 *mai*) aux despens du doyen de Touars l'eglise duquel il avoit faict visite.

Porthenay. — (PARTHENAY) Le 220 porte que ledit seigneur seroit alle au prieure de Porthenay couche en icelluy avecq sa famille et le lendemain (30 *mai*) presche la parole de Dieu confirme et tonsure.

(1) *Bertoire* est là pour *Bercoire,* c'est-à-dire, BRESSUIRE, en latin *Bercorium.*

Chassaigne. — Le 221 porte que ledit seigneur archeuesque seroit arrive au prieure de Chassaigne le dernier *(31 mai)* de may ou il auroit couche avecq son train et le lendemain (1er *juin*) y annonce la parole de Dieu confirme et tonsure.

Erions — (Hérisson).—Le 222 porte que led. s.r auroit aussy visite le prieure de Erions couche en icelluy avecq son train et le lendemain avoir presche et fait aultres actes requis à lad. visite.

Cernay. — Le 223 porte que led. seigueur auroit aussi visite le prieure de Cernay couche en icelluy et y annonce le lendemain la parole de Dieu et deuement accomply sad. visite.

Chavans. — Le 224 porte que led. seigneur auroit aussy visite le prieure de Chavans et y couche avecq son train et le lendemain y presche et deuement accomply sad. visite.

Chevosse.— Le 225 porte que led. seigneur auroit aussy visite le prieure de Chevosse et après avoir este en icelluy de Savignac ou auroit couche avecq son train et le lendemain paracheve sa visite.

Faye la Vineuse. — Le 226 porte que led. seigneur auroit visite leglise collegialle de S.t Georges de Faye la Vineuse couche aud. lieu avecq son train y celebre le lendemain la grand messe et promeu deulx clercs à l'ordre d'acolite annonce la parole de Dieu confirme et fait deuement sa visite et y couche avecq son train fait visiter le prieure S.t Jouin et baille le lendemain tonsure a plusieurs.

Amberes. — Le 227 porte que led. seig.r auroit visite le prieure d'Amberes couche en icelluy avecq son train le lendemain presche aud. lieu et deuement fait sa visite.

S.t Denis des Vallees. — Le 228 porte que led. seig.r seroit arrive le 8 juin au prieure S.t Denis des Vallees dependant de labbaye S.t Denis en France y avoir couche avecq son train le lendemain avoir ouy messe et sestre retire.

Vendobrio (VENDEUVRE). — Le 229 porte que led. seigneur auroit visite leglise de Vandobrio couche aud. lieu avecq son train presche le lendemain en lad. eglise confirme et fait deuement sad. visite.

ESLECTION DUD. SEIG.[r] ARCHEUESQUE EN SOUVERAIN PONTIFE. — Le 230 porte que ledi. seigneur par la providence de Dieu esleu en souverain pontife le 10 de juin dud. an 1305(1) et sestre transporte au prieure de Milhans couche en icelluy avecq son train le lendemain annonce la parole de Dieu confirme et acomply deuement sa visite aud. lieu.

JAUNAY. — Le 231 porte que led. seig.[r] pontife auroit visite le prieure de Jaunay couche en icelluy avec son train annonce la parole de Dieu au clerge et peuple y assemblez et acomply deuement sa visite.

S.[t] HILAIRE DE CELLE. — Le 232 porte que led. seigneur pontife le douziesme juin auroit visite le prieure de S.[t] Hilaire de Celle celebre la messe en icelluy confere les ordres generaulx d'acolit soubz diacre diacre et prebstre presche la parole de Dieu et couche aud. lieu avecq son train.

S.[te] RADEGONDF DE POITIERS. — Le 233 porte que led. souverain pontife le 14 juin seroit alle en leglise collegiale de S[te] Radegonde de Poitiers en icelle celebre messe y annonce la parole de Dieu confirme et fait deuement sa visite et apres estre alle a la mayson du Roy dud. Poitiers ou il auroit couche avecq son train aux despens du prieur et chappitre de lad. eglise collegiale et le lendemain avoir confere la tonsure a plusieurs.

FONTENAY LE COMTE. — Le 234 porte que led. seigneur seroit alle en l'abbaye de Fontenay-le-Conte pres Poitiers icelle

(1) Le copiste s'est trompé ici où il parle en son propre nom ; on sait que l'élection de Clément V est du 5 juin, non du 10.

deuement visitée couche en icelle avecq son train et le jour suyvant *fecisse minutionem* (1) et le mercredy et le jeudy suyvant avoir sejourne aud. lieu pour se recreer a ses propres cousts et despens et le vendredy y avoir aussy sejourne aux despens de l'archiprebstre de Sauzay quil avoit fait visiter.

Lesignay (LUSIGNAN). — Le 235 porte que led. souverain pontife seroit alle au prieure de Lesignay y presche la parole de Dieu confirme et fait deuement sa visite et sestre retire en la maison de certain bourgeois de ville ou il auroit couche avecq son train aux despens des prieur et chappitre de *vila* et led. jour seroient arrivez plusieurs courriers et lettres de ce quil estoit esleu en souverain pontife et auroit demeure aud. lieu les jours de dimanche et lundy a ses despens.

NOTRE DAME DE CELLE. — Le 236 porte que led. souverain pontife esleu en ceste dignité, le 22 juin 1305 seroit alle en labbaye N^te^ Dame de la Celle presche la parole de Dieu au peuple et led. jour et le suivant y avoir couche avecq son train par double procuration comme il auroit séjourne le jeudy feste de St Jean a ses despens.

Saint Seuerin. — (St SEURIN SUR BOUTONNE.)— Le 237 porte que sa sainteté seroit alle abbaye St Seurin ou il auroit presche la parole de Dieu couche en icelle avecq son train et le lendemain jour de samedy labbe et convent dud. lieu avoir recogneu que larcheuesque de Bourd^x^ avoit double procuration aud. monastere.

(1) Cela veut dire que l'archevêque *se fit saigner :* le copiste qui n'entendait pas ce latin a copié simplement l'original.

FIN DE L'ITINÉRAIRE.

www.ingramcontent.com/pod-product-compliance
Ingram Content Group UK Ltd.
Pitfield, Milton Keynes, MK11 3LW, UK
UKHW020216200726
13856UKWH00004B/1438